LIVRE ÉLÉMENTAIRE
DE LECTURE,

OU

EXERCICES GRADUÉS

Pour apprendre facilement à Lire;

A L'USAGE

DES ÉCOLES PRIMAIRES.

PARIS.

BRUNOT-LABBE,

LIBRAIRE DE L'UNIVERSITÉ ROYALE,
QUAI DES AUGUSTINS, N° 33.

1829.

X

LIVRE ÉLÉMENTAIRE

DE

LECTURE.

PARIS. — IMPRIMERIE DE CASIMIR,
Rue de la Vieille-Monnaie, n° 12.

LIVRE ÉLÉMENTAIRE

DE LECTURE,

OU

EXERCICES GRADUÉS

POUR APPRENDRE FACILEMENT A LIRE;

A L'USAGE

DES ÉCOLES PRIMAIRES.

PARIS.
BRUNOT-LABBE,
LIBRAIRE DE L'UNIVERSITÉ ROYALE,
QUAI DES AUGUSTINS, n° 33.

1829.

AVANT-PROPOS.

Un ouvrage intitulé *The Mavor's spelling book*, qui depuis long-temps est regardé en Angleterre comme le meilleur dans ce genre, et dont cent éditions consécutives attestent d'ailleurs le mérite réel, a fourni à l'auteur du *Livre élémentaire de lecture* l'idée première et le plan du petit volume qu'il offre aujourd'hui aux enfans.

Loin de prétendre, par la présente méthode, enseigner à lire en quelques heures, ce qu'il croit impossible, l'auteur, par la marche graduée qu'il a établie, a tâché d'aplanir les difficultés que présente l'étude de la lecture, en conduisant pas à pas l'élève d'une notion à une autre, sans lacunes ni enjambemens. Il a placé en outre, le plus souvent possible, de petits exercices rendus clairs et faciles par les leçons qui les auront précédés, afin de graver plus profondément ces mêmes leçons dans la mémoire de l'enfant.

Voici du reste l'ordre adopté :

LETTRES. — ALPHABET.

Grandes lettres romaines.
Petites *idem*.
Grandes lettres italiques.
Petites *idem*.
Grandes lettres mêlées.
Petites *idem*.
Doubles et triples lettres.
Distinction des voyelles et consonnes.
Signes et accens.

SYLLABES. — SYLLABAIRE.

Syllabes de deux lettres.
———— de trois et quatre lettres.
Diphthongues.

MOTS. — EXERCICES GRADUÉS.

Mots de trois lettres.
—— de quatre lettres.
Quatre petites leçons composées de mots d'au plus quatre lettres.
Mots de cinq lettres.
—— de six lettres.
Deux petites leçons composées de mots d'une syllabe de une à six lettres.
Mots de deux syllabes.
—— de trois syllabes.
—— de quatre syllabes.
—— de cinq, six ou sept syllabes.
Remarques sur la prononciation de certaines lettres.
Petites leçons à épeler.

On voit, à la seule inspection de ce tableau, quels soins on a pris d'éviter la confusion. L'enfant, dans la tête duquel les notions de lecture seront ainsi classées, se trouvera bientôt amené, comme par la main, à lire couramment, et la tâche du maître sera, par la même raison, bien moins pénible.

A la suite de ce petit cours de lecture, l'auteur a placé, pour servir d'exercice de lecture courante, quelques lignes d'histoire naturelle, quelques petits morceaux de poésie, la figure et le nom des nombres, des élémens de géographie et d'histoire de France, etc.

Enfin rien n'a été négligé pour donner à ce petit recueil toute l'utilité possible; et le prix même auquel on le délivre est encore une marque qu'il faut voir dans cette entreprise autre chose qu'une spéculation.

LIVRE ÉLÉMENTAIRE

DE

LECTURE.

PREMIÈRE PARTIE.

LETTRES. — ALPHABET.

Grandes lettres romaines.

A B C D E

F G H I J

K L M N O

2

P Q R S T
U V X Y Z.

Petites lettres romaines.

a b c d e
f g h i j
k l m n o
p q r s t
u v x y z.

Grandes lettres italiques.

A B C D E
F G H I J
K L M N O
P Q R S T
U V X Y Z.

Petites lettres italiques.

a b c d e f g h i
j k l m n o p q r
s t u v x y z.

Grandes lettres mêlées.

D B C F G H
E A X U Y M
V R N K P J
O Z Q I S L
T.

Petites lettres mêlées.

t l s i g z d
e b f a x y h
q m v j n r k
p o c u.

Doubles et triples lettres.

fl fi ff ffl æ œ w &
Æ Œ W.

DISTINCTION
DES VOYELLES ET DES CONSONNES.

Voyelles.

a e i o u y.

Consonnes.

b c d f g h j
k l m n p q r
s t v x z.

Signes et accents.

Accents { aigu ´
grave `
circonflexe ^

' apostrophe.

, ; :
virgule, point et virgule, deux points,

.
point.

Points { d'admiration ou d'exclamation !
d'interrogation ?

ç .. ( ) «
cédille, tréma, parenthèses, guillemet,

- §
trait d'union, paragraphe.

DEUXIÈME PARTIE.

SYLLABES. — SYLLABAIRE.

ba	be	bé	bè	bê	bi	bo	bu	by
ca	ce	cé	cè	cê	ci	co	cu	cy
da	de	dé	dè	dê	di	do	du	dy
fa	fe	fé	fè	fê	fi	fo	fu	fy
ga	ge	gé	gè	gê	gi	go	gu	gy
ha	he	hé	hè	hê	hi	ho	hu	hy
ja	je	jé	jè	jê	ji	jo	ju	jy
ka	ke	ké	kè	kê	ki	ko	ku	ky
la	le	lé	lè	lê	li	lo	lu	ly

ma	me	mé	mè	mê	mi	mo	mu	my
na	ne	né	nè	nê	ni	no	nu	ny
pa	pe	pé	pè	pê	pi	po	pu	py
ra	re	ré	rè	rê	ri	ro	ru	ry
sa	se	sé	sè	sê	si	so	su	sy
ta	te	té	tè	tê	ti	to	tu	ty
va	ve	vé	vè	vê	vi	vo	vu	vy
xa	xe	xé	xè	xê	xi	xo	xu	xy
za	ze	zé	zè	zê	zi	zo	zu	zy

ab	eb	ib	ob	ub	yb
ac	ec	ic	oc	uc	yc
ad	ed	id	od	ud	yd
af	ef	if	of	uf	yf
ag	eg	ig	og	ug	yg
ah	eh	ih	oh	uh	yh
aj	ej	ij	oj	uj	yj
ak	ek	ik	ok	uk	yk
al	el	il	ol	ul	yl
am	em	im	om	um	ym
an	en	in	on	un	yn
ap	ep	ip	op	up	yp
aq	eq	iq	oq	uq	yq
ar	er	ir	or	ur	yr
as	es	is	os	us	ys
at	et	it	ot	ut	yt
av	ev	iv	ov	uv	yv
ax	ex	ix	ox	ux	yx
az	ez	iz	oz	uz	yz

bla	ble	blé	blè	blê	bli	blo	blu	bly *
bra	bre	bré	brè	brê	bri	bro	bru	bry
cha	che	ché	chè	chê	chi	cho	chu	chy
cla	cle	clé	clè	clê	cli	clo	clu	cly
cra	cre	cré	crè	crê	cri	cro	cru	cry
dra	dre	dré	drè	drê	dri	dro	dru	dry
fla	fle	flé	flè	flê	fli	flo	flu	fly
fra	fre	fré	frè	frê	fri	fro	fru	fry
gla	gle	glé	glè	glê	gli	glo	glu	gly
gna	gne	gné	gnè	gnê	gni	gno	gnu	gny
gra	gre	gré	grè	grê	gri	gro	gru	gry
pla	ple	plé	plè	plê	pli	plo	plu	ply
pra	pre	pré	prè	prê	pri	pro	pru	pry
pha	phe	phé	phè	phê	phi	pho	phu	phy
qua	que	qué	què	quê	qui	quo	quu	quy
spa	spe	spé	spè	spê	spi	spo	spu	spu
sta	ste	sté	stè	stê	sti	sto	stu	sty
tra	tre	tré	trè	trê	tri	tro	tru	try
vra	vre	vré	vrè	vrê	vri	vro	vru	vry
chra	chre	chré	chrè	chrê	chri	chro	chru	chry

* Comme l'enfant, après avoir lu la première syllabe d'une ligne, pourrait finir par dire les autres par cœur, sans les lire, il sera bon d'intervertir parfois l'ordre que nous avons suivi.

Diphthongues.

aie h*aie*, ie pr*ie*r, io v*io*ler, ia d*ia*ble,
ai pl*ai*sir, iai n*iai*s, ié l*ié*, iè f*iè*re,
ien l*ien*, ieu D*ieu*, ion lamp*ion*, oi l*oi*,
oin p*oin*te, oui f*oui*ne, ui c*ui*t.

TROISIÈME PARTIE.

MOTS.

EXERCICES GRADUÉS.

Mots de trois lettres.

son	ton	lit	nos	vos	ses
tes	roi	ces	jeu	sel	bas
pis	pré	loi	les	toi	moi
que	qui	car	cri	oui	art
ver	nid	vœu	air	mer	but
jus	suc	tir	non	sot	mot
tôt	rôt	las	net	vie	lui
foi	œuf	nul	cas	ras	nez

tel	jet	nom	car	arc	sec
mal	mai	des	fil	riz	cru
pli	lot	mon	peu	pas	rat

Mots de quatre lettres.

rang	jonc	fiel	sans	cuir	trot
poix	prix	nœud	tort	sort	quoi
plus	tout	plan	noir	noix	toux
voir	clair	mais	vous	trou	nous
roue	neuf	quai	bœuf	foie	joie
scie	cuit	bout	suie	laid	lait
laie	miel	lion	leur	faim	nord
rond	long	fort	voix	sœur	vain
cœur	tour	fard	veut	bois	prêt
cour	porc	sens	raie	tard	port
mois	broc	toit	coin	crin	sein
croc	lent	vert	moue	gros	soin
sang	loup	pied	dans	dent	camp
goût	main	clou	turc	mort	près
seul	lard	veuf	brun	joue	deux
part	loin	nuit	ouïr	haie	pair

QUATRE PETITES LEÇONS,

COMPOSÉES DE MOTS D'UNE SYLLABE N'EXCÉDANT PAS QUATRE LETTRES.

LEÇON I.

Ce pain est trop noir; je ne le veux pas.
Quel est ton nom? Jean.
Où est ta sœur? Dans son lit.
Tu ne sors donc pas? Je ne le puis.
Moi, je vais à la cour.

LEÇON II.

Ton lait est-il bon? Le mien ne vaut rien.
Le roi a tué hier ce daim-là.
Ton gros chat noir a bu tout mon lait.
Mon lit est trop bas; je suis mal.
Vois-tu ces nids dans ce trou de mur?
Ton chat n'est pas bon; je le hais.

LEÇON III.

Je ne puis te voir. Où es-tu? Je suis là.
Je te dis bien vrai, ma sœur.

Ce pain qui est là, est-il pour moi ?
J'ai pris dans la cour un gros rat tout gris.
Il fait bien du vent, ce soir.
J'ai eu bien peur hier.
Ne sors pas sans me voir.
Paul, j'ai pris du pain pour toi.
Ton nez est tout en sang.

LEÇON IV.

Quel gros ver ! vois donc.
Je sais bien ce mot-là.
As-tu vu ce chat noir qui a fait un si beau saut sur le toit ?
Il est très-gros et très-laid.
Mon cher fils, sois bon pour qui que ce soit.
Mets ta main là.
Ton feu est mort, il n'y a plus de bois.
Ce cor rend un beau son.

Mots d'une syllabe et de cinq lettres.

blanc	franc	flanc	creux
quart	tiers	temps	croix
trait	corps	lourd	court

mords	cours	point	jouer
louer	nouer	vouer	doigt
moins	joint	poing	teint
champ	niais	saint	truie
mœurs	chair	maint	vingt
train	reins	plaie	craie
froid	chaud	chaux	droit
pieds	nerfs	plomb	coups

Mots d'une syllabe et de six lettres.

prompt	Rheims	cheoir	fouets
pleurs	grains	champs	Christ

DEUX PETITES LEÇONS,

COMPOSÉES DE MOTS D'UNE SYLLABE DE UNE A SIX LETTRES.

LEÇON I.

Rends-moi mon fouet.
Il dit que sa sœur n'est pas là.
Moi, je ne le crois pas.
Est-ce que tu as mal aux dents?
Ce n'est pas un bon mal; je te crois.

Mets un louis dans ma main.
Je le tiens bien; n'aie pas peur.

LEÇON II.

Je ne crois pas ce que tu me dis; tu perds ton temps.
Que fais-tu donc là? Viens : je ne puis pas.
J'ai très mal au pied. A ce soir.
Qu'as-tu donc dans la main? C'est un gros sou.
Le veux-tu? Prends-le. Tu es bien bon.
Louis est un bon fils.
J'ai vu hier un tel et sa sœur.
Le parc est bien beau dans ce temps-ci.
Ces fleurs sont très-mal là.
Les champs sont tout verts.
Au mois de mai les jours sont très-longs.

Mots de deux syllabes.

cu-ve	ar-me	mû-re	ro-se
li-re	ri-re	ma-ri	jo-li
fi-let	che-val	ma-re	ra-me
poi-gnée	li-me	ci-me	ra-ce
mi-ne	dan-ser	ri-me	col-ler

bru-tal	no-te	ru-se	bor-der
can-cer	au-ne	jau-ne	mi-di
chi-nois	goû-ter	ca-se	plu-mer
crâ-ne	mè-re	bû-cher	su-cer
ram-per	pi-re	ra-re	fai-ble
dan-ger	cô-te	car-can	sau-le
pin-çon	rou-ge	pen-sée	mu-se
ser-vir	pu-ce	buf-fle	ra-vir
pri-ser	bri-ser	cru-che	re-tour
mou-che	sta-tue	tour-neur	ven-dre
hu-meur	hô-tel	fou-lon	fon-dre
pê-ne	pei-ne	pui-ser	res-ter

Mots de trois syllabes.

ma-li-ce	gram-mai-re	glo-ri-eux	voi-tu-re
scé-lé-rat	pa-ra-de	fi-gu-re	ci-men-ter
re-cou-pe	pé-né-trant	pu-nai-se	pu-bli-que
im-par-fait	fa-vo-ri	for-tu-ne	hor-ri-ble
hos-pi-ce	in-fir-me	ha-bi-ter	in-hu-main
puis-san-ce	ma-raî-cher	ma-ré-chal	man-ne-quin
car-gai-son	mas-sa-cre	mon-tu-re	ci-toy-en
mu-set-te	mus-ca-din	op-ti-que	o-pé-rer
o-pé-ra	im-por-tun	en-cri-er	ar-ri-ver
char-pen-te	op-po-sé	car-di-nal	é-gli-se

Mots de quatre syllabes.

a-char-ne-ment	ma-ré-ca-geux	im-mor-tel-le
cer-tai-ne-ment	or-di-nai-re	fa-ta-li-té
ma-ré-ca-ge	pen-sion-nai-re	pur-ga-toi-re
in-hu-mai-ne	fa-vo-ri-ser	fri-pon-ne-rie
fi-dé-li-té	in-té-res-sant	glo-ri-eu-se
a-droi-te-ment	chau-dron-ne-rie	é-pi-ce-rie
par-fu-me-rie	al-lu-met-te	ha-bi-tu-de
as-sis-tan-ce	mal-heu-reu-se	im-pri-me-rie
su-per-che-rie	ra-pi-di-té	phi-lo-so-phie

Mots de cinq, six ou sept syllabes.

per-pen-di-cu-lai-re	par-ti-ci-pa-tion
in-hu-mai-ne-ment	in-in-tel-li-gi-ble
im-pé-ni-ten-ce	glo-ri-eu-se-ment
in-é-bran-la-ble	im-pé-ri-eu-se-ment
dés-ap-poin-te-ment	ir-ré-sis-ti-ble
ar-ti-cu-la-tion	re-com-man-da-tion
ré-ca-pi-tu-la-tion	re-pré-sen-ta-tion
per-pen-di-cu-lai-re-ment	pé-ril-leu-se-ment
or-tho-gra-phi-que	im-per-ti-nem-ment

REMARQUES

SUR LA PRONONCIATION DE CERTAINES LETTRES.

---

a est nul dans les mots suivants :
Saô-ne, *a*oût, *a*o-riste, *t*aon.

---

c nul.

Es-to-ma*c*, la*c*s, bro*c*, cri*c*, mar*c*, por*c*, ta-ba*c*.

c comme g.

Se-*c*ond, se-*c*ré-tai-re, se-*c*ret.

c comme ch.

Vi-o-lon-*c*elle, ver-mi-*c*el-le.

ç comme ss.

Tra-*ç*ons, ca-le-*ç*on, ma-*ç*on.

ch comme k.

A-na-*ch*ro-nis-me, ar-*ch*an-ge, *ch*a-os, or-*ch*es-tre, ar-*ch*i-é-pis-co-pal.

d comme t.

Gran*d* homme, de fon*d* en com-ble.

e comme a.

In-d*e*m-ni-té, so-l*e*n-nel, h*e*n-nir.

ent comme e muet.

Ils chan-t*ent*, ils dor-m*ent*, ils vo-l*ent*, ils creu-s*ent*.

en comme en-ne.

Hy-m*en*, e-xa-m*en*.

f nul.

Cer*f*, cle*f*, bœu*f* gras, œu*fs*, ner*fs*.

g nul.

Fau-bour*g*, bour*gs*, le*gs*, si-*g*net.

gn liés dans la prononciation.

Sai-*gn*er, com-pa-*gn*on, ga-*gn*er, pei-*gn*e, ré-*gn*er.

gn comme gne-n.

I-*gn*é, sta-*gn*ant, di-a-*gn*os-tic, re-*gn*i-co-le, im-pre-*gn*a-tion.

h muette.

L'*h*u-meur, les *h*om-mes, l'*h*er-be.

h aspirée.

Le *h*a-meau, la *h*er-se, le *h*é-ros, la *h*ai-ne.

i nul.

O*i*-gnon, mo*i*-gnon, po*i*-gnard, po*i*-gnée.

l mouillé.

Roui*l*-*l*e, broui*l*-*l*er, rai*l*-*l*er, ac-cuei*l* (qu'on prononce comme ac-cuei*l*-*l*e), or-gueil (or-gueu*i*l-*l*e), cer-cueil (cer-cueui*l*-*l*e, cuei*l*-*l*ir (cueui*l*-*l*ir).

l nul.

Ba-ri*l*, fu-si*l*, gri*l*, ou-ti*l*, per-si*l*.

m nul.

Da*m*-ner, au-to*m*-ne.

o nul.

Fa*o*n, pa*o*n, La*o*n.

p nul.

Dom*p*-ter, prom*p*t, ba*p*-tê-me.

ph comme f.

*Ph*a-ra-on, *ph*é-nix, *ph*é-no-mè-ne.

---

qu comme cou.

É-*qu*a-tion, a-*qu*a-ti-que, *qu*a-dra-tu-re, *qu*a-dru-ple, *qu*a-dru-pè-de.

---

s, entre deux voyelles, comme z.

A-mu-*s*er, ar-ro-*s*er, ai-gui-*s*er, mu-*s*et-te, ru-*s*e, rai-*s*in.

s nul.

Di-ver*s*, a-vi*s*, o*s*, a-lor*s*, mœur*s*, fleur-de-li*s*.

T *comme* SS.

Frac-*t*ion, par-ti-*t*ion, ré-pé-ti-*t*ion, ad-di-*t*ion, é-du-ca-*t*ion.

X *comme* CS.

Ta-*x*e, bo-*x*er, ri-*x*e, lu-*x*e, ve-*x*er.

X *comme* GS.

E-xa-men, e-xem-plai-re, e-xis-ter.

X *comme* SS.

Deux, six, dix.

X *comme* S.

Ex-ter-mi-ner, ex-cu-se.

X *comme* Z.

Deu-xiè-me, si-xiè-me, di-xiè-me.

Y *comme* II.

Fray-er, broy-er, ploy-er, cray-on-ner.

Y *comme* I.

Phy-si-cien, ly-re, zé-phyr.

Doubles lettres.

OEu-vre, bœuf, vœu, nœud, West-pha-lie, Wol-ga.

Qu'on prononce comme s'il y avait :

Eu-vre, beuf, veu, neud, Ves-falie, Vol-ga.

PETITES LEÇONS A ÉPELER.

I

Fré-dé-ric, roi de Prus-se, pre-nait beau-coup de ta-bac; pour s'é-vi-ter la pei-ne de fouil-ler dans sa po-che, il a-vait fait pla-cer sur cha-que che-mi-née de son ap-par-te-ment u-ne gran-de ta-ba-tiè-re où il pui-sait au be-soin.

2

Ne bor-nez pas vo-tre cha-ri-té à don-ner de l'ar-gent : il y a u-ne in-fi-ni-té d'oc-ca-sions où vous pou-vez mon-trer un cœur sen-si-ble et com-pa-tis-sant, et où l'on n'a au-cun be-soin de vo-tre bour-se.

3

Le grand art de plai-re dans la con-ver-sa-tion, est de fai-re que les au-tres y soient con-tents d'eux-mê-mes. On ar-ri-ve plus fa-ci-le-ment à ce but, en écou-tant qu'en par-lant.

4

Un maî-tre d'é-co-le a-vait fait met-tre au-des-sus de sa por-te, en bel-les let-tres d'or : *Un tel*... AP-PREND A LI-RE ET A É-CRI-RE. Quand il sau-ra tout ce-la, dit un pas-sant, il nous l'en-sei-gne-ra.

5

On doit re-gar-der com-me un mo-dè-le de con-ci-sion ce tes-ta-ment d'un ren-tier : « Je n'ai rien, je dois par-tout, je don-ne le res-te aux pau-vres. »

6

Un é-tran-ger, ve-nu à Pa-ris pour y sui-vre les mo-des, en-ten-dait van-ter l'a-van-ta-ge du gaz sur l'hui-le, et n'a-vait pas en-co-re o-sé de-man-der l'ex-pli-ca-tion du nou-veau pro-cé-dé. É-tant à dî-ner chez un res-tau-ra-teur, il de-man-da du tur-bot. — Mon-sieur le veut-il à l'hui-le? dit le gar-çon. — Non, je veux con-naî-tre la nou-vel-le mo-de; don-nez-le-moi au gaz.

7

« Tu es un scé-lé-rat, di-sait un com-mis-sai-re de po-li-ce à un vo-leur qu'il ve-nait d'ar-rê-ter. Que fais-tu dans les rues à deux heu-res du ma-tin? — Hé-las! ré-pon-dit le co-quin, je suis un pau-vre hon-teux qui n'o-se pas de-man-der le jour. — Mais pour-quoi ces ar-mes? — C'est qu'à cet-te heu-re les rues ne sont pas sû-res. »

8

HISTOIRE D'ADOLPHE.

Il y a-vait un pe-tit gar-çon, nom-mé A-dol-phe, dont les pa-rens, qui é-taient pau-vres, ha-bi-taient un vil-la-ge. Ils en-voy-è-rent leur fils à u-ne é-co-le gra-tui-te du voi-si-na-ge. A-dol-phe, quoi-que très-jeu-ne en-co-re, mon-trait u-ne gran-de en-vie de s'ins-trui-re; il é-tait très-at-ten-tif à tou-tes les le-çons de son maî-tre, qui l'ai-mait beau-coup à cau-se de son ap-pli-ca-tion.

9

A-dol-phe, au bout de l'an-née, sa-vait dé-jà li-re, é-cri-re et comp-ter par-fai-te-ment, et a-vait quel-ques no-tions de gram-mai-re. Ses pa-rents é-taient char-més de ses pro-grès : c'é-tait pour eux u-ne con-so-la-tion dans leur mi-sè-re. Pour A-dol-phe, plus il ap-pre-nait, plus il dé-si-rait ap-pren-dre. Les jours où il n'al-lait pas à son é-co-le, il s'as-sey-ait au pied d'un ar-bre hors du vil-la-ge, et là li-sait et é-tu-di-ait sans se re-bu-ter les li-vres qu'on lui a-vait confiés.

10

Un ri-che par-ti-cu-lier de ce pays, M. D***, vint à pas-ser, en se pro-me-nant, par l'en-droit où no-tre en-fant é-tait dans son oc-cu-pa-tion or-di-naire; char-mé de sa gen-til-les-se et de l'ar-deur qu'il met-tait à son tra-vail, il s'ap-pro-che de lui, et lui de-man-de ce qu'il fait. A-lors, A-dol-phe, qui ne l'a-vait pas d'a-bord a-per-çu, se lè-ve, et lui ré-pond en ô-tant son cha-peau : « Mon-sieur, je tâ-che de m'ins-trui-re; mes pa-rens sont pau-vres, et je veux de-ve-nir sa-vant, a-fin de pou-voir les sou-la-ger. »

11

M. D*** lui fit en-co-re quel-ques ques-tions, aux-quel-les A-dol-phe ré-pon-dit a-vec na-ï-ve-té. En-fin, é-mu jus-qu'aux lar-mes par la no-bles-se du cœur de cet en-fant, M. D*** le ser-ra dans ses bras, et le pri-a de le me-ner chez son pè-re : ce que l'en-fant fit aus-si-tôt. Lors-qu'ils fu-rent ar-ri-vés, M. D*** ra-con-ta au pè-re d'A-dol-phe ce qui s'é-tait pas-sé. « Vous ê-tes sans dou-te, leur dit-il, de bien bra-ves gens, vous qui a-vez un fils si ai-ma-ble ? Je veux ê-tre son pro-tec-teur ; soy-ez cer-tains que je ne vous ou-blie-rai pas. A-lors il prend con-gé d'eux et s'é-loi-gne, lais-sant cet-te fa-mil-le dans l'é-ton-ne-ment.

12

M. D*** a-vait de-puis long-temps en-ten-du par-ler de la pro-bi-té de ces hon-nê-tes gens. Com-me il é-tait bien-faisant, et qu'il ai-mait à ren-dre heu-reux ceux qui le mé-ri-taient, il choi-sit cet-te oc-ca-sion pour e-xé-cu-ter son des-sein. Le len-de-main u-ne voi-tu-re s'ar-rê-te à la por-te des pa-rents d'A-dol-phe; un la-quais en li-vrée les prie d'y mon-ter a-vec leur fils; ceux-ci, é-ton-nés, s'ex-cu-sent d'a-bord : mais com-me le do-mes-ti-que leur dit que c'est le dé-sir de M. D***, ils o-bé-is-sent. Après un quart d'heu-re de che-min la voi-tu-re s'ar-rê-te de-vant u-ne jo-lie pe-ti-te mai-son : M. D*** les at-ten-dait sur le pas de la por-te.

13

Ils des-cen-dent pré-ci-pi-tam-ment de voi-tu-re, et prient M. D*** de leur ex-pli-quer cet-te é-nig-me. C'est a-lors qu'il leur ap-prend qu'il leur a fait pré-pa-rer ce pe-tit lo-cal, qui se-ra leur de-meu-re à l'a-ve-nir. A ces mots ils se jet-tent tous trois aux pieds de leur bienfaiteur; ce-lui-ci les re-lè-ve à l'ins-tant en leur di-sant de ne le re-mer-cier de rien.

« C'est à vo-tre fils, a-jou-te-t-il, et à vo-tre bon-ne con-dui-te que vous ê-tes re-de-va-bles du bon-heur qui vous ar-ri-ve. Vous ê-tes de bra-ves gens, vous é-tiez pau-vres ; le sort m'a fa-vo-ri-sé du cô-té de la for-tu-ne, je dois se-cou-rir les mal-heu-reux : il n'y a rien que de très-na-tu-rel dans ce que j'ai fait. Quant à vo-tre fils, vous me per-met-trez de le re-gar-der aus-si com-me le mien. Le ciel ne m'en a point ac-cor-dé, il m'en tien-dra lieu. »

14

Tout le mon-de ai-me et fa-vo-ri-se les en-fans sa-ges et stu-di-eux. A-dol-phe fut heu-reux tout le res-te de sa vie, et se mon-tra tou-jours di-gne des bien-faits de M. D***. Cet hom-me gé-né-reux le pla-ça dans un col-lé-ge ; il y fit tou-tes ses é-tu-des, et fut par la sui-te un ex-cel-lent mé-de-cin.

HISTOIRE NATURELLE. *

L'ANE.

L'âne est un animal domestique, connu par plusieurs défauts et par plusieurs bonnes qualités. Il diffère beaucoup du cheval, par la petitesse de sa taille ; par ses longues oreilles, qui ne contribuent pas peu à la finesse de son ouïe ; par sa queue, qui n'est garnie de poil qu'à l'extrémité ; par son port, qui n'a pas la noblesse de celui du cheval ; par son braire désagréable, et par la figure hideuse qu'il prend quelquefois en relevant ses lèvres. Mais combien de qualités utiles rachètent tous ces défauts extérieurs ! Il est dur et patient au travail ; il porte de grands fardeaux à proportion de sa grosseur, surtout lorsqu'on le charge sur les reins ; cette partie étant plus forte que le dos. Il

---

* Extraits de Valmont-de-Bomarre et Buffon.

est sobre et de la dernière frugalité; il s'accommode de toutes sortes de nourritures, d'herbes, de feuilles, de chardon, etc. C'est la ressource des gens de campagne, qui ne peuvent pas acheter un cheval et le nourrir. L'âne les soulage dans tous leurs travaux; il est employé à tout, pour semer, pour recueillir, pour porter les denrées au marché.

LA BALEINE.

La baleine est le plus grand de tous les animaux connus; c'est véritablement le roi des mers. On ne peut rien dire de bien certain sur la grandeur des différentes espèces de baleines. On en a vu qui avaient jusqu'à cent trente, et même deux cents pieds de long. Quelque énorme que soit réellement cet animal marin, l'amour du merveilleux a sans doute fait dire qu'on en avait vu dans les mers de la Chine qui avaient jusqu'à neuf cents pieds de longueur. Quoi qu'il en soit, on assure que les premières baleines qu'on a pêchées dans le Nord étaient beaucoup plus grandes que celles qu'on y pêche maintenant, parce qu'elles étaient plus vieilles. On ignore la durée de la vie de ces animaux; mais il y a apparence qu'ils vivent très-long-temps. On les voit quelquefois dormir sur la surface des eaux, où ils sont comme immobiles.

LE CERF.

Le cerf est un quadrupède d'une taille élégante et bien prise; il porte sur la tête des cornes branchues qui se renouvellent tous les ans. La femelle du cerf se nomme biche; elle est plus petite que lui; elle n'a pas de bois : son petit s'appelle faon. Le cerf, au printemps, se nourrit de jeunes bourgeons, et dans l'hiver il mange l'écorce des arbres. La chasse du cerf, cette chasse des rois et des princes, est des plus belles et des plus curieuses. Le faon fournit un aliment tendre et agréable; la chair de biche n'est pas mauvaise; celle du cerf ne vaut rien, excepté les filets qui sont excellens. On emploie la corne de cerf à faire des manches de couteaux ou des têtes de cannes ou de parapluies. Le cerf est facile à apprivoiser.

LE LION.

Le lion a la figure imposante, le regard assuré, la démarche fière, la voix terrible. Ceux de la plus grande taille ont environ huit ou neuf pieds de longueur, depuis le mufle jusqu'à l'origine de la queue, qui est elle-même longue d'environ quatre pieds : ces grands lions ont quatre ou cinq pieds de hauteur. Les lions de petite taille ont environ cinq pieds et demi de longueur sur trois pieds et demi de hauteur, et la queue longue de trois pieds : elle est terminée par une espèce de houppe. La lionne est beaucoup plus petite que son mâle. Les lions n'habitent que les climats secs et brûlans de l'Asie et de l'Afrique. Ces animaux ne sont féroces que lorsqu'ils sont affamés. On en a vu s'apprivoiser ou pardonner à de faibles ennemis, et donner la vie à ceux qu'on avait dévoués à la mort, en les leur jetant pour proie.

LE MULOT.

Le mulot est un animal plus petit que le rat et plus gros que la souris; il habite dans les champs et dans les campagnes qui en sont voisines; il se retire dans les trous qu'il trouve tout faits, ou qu'il pratique sous des buissons ou des troncs d'arbres. Il y amasse une quantité prodigieuse de glands, de noisettes, de faines; on en trouve quelquefois jusqu'à un boisseau dans un seul trou; et cette provision, au lieu d'être proportionnée à ses besoins, ne l'est qu'à la capacité du lieu. Ces trous sont ordinairement de plus d'un pied sous terre, et souvent partagés en deux loges; l'une où il habite avec ses petits, et l'autre où il fait son magasin. C'est surtout en automne qu'on les trouve en plus grand nombre.

L'OURS.

L'ours est un quadrupède hideux à voir. Il y en a de différentes espèces: l'ours noir, l'ours brun et l'ours blanc ou l'ours de la mer glaciale. Cet animal est non-seulement sauvage, mais solitaire; il fuit par instinct toute société; il s'éloigne des lieux où l'homme a accès; il ne se trouve à son aise que dans les endroits qui appartiennent à la vieille nature; une caverne antique dans des rochers inaccessibles, une grotte formée par le temps dans le tronc d'un vieux arbre, au milieu d'une épaisse forêt, lui servent de domicile; il s'y retire seul, y passe une partie de l'hiver sans provisions, et sans en sortir pendant plusieurs semaines. Cependant il n'est point engourdi ni privé de sentiment comme le loir et la marmotte; mais comme il est naturellement gras, et qu'il l'est excessivement sur la fin de l'automne, temps auquel il se recèle, cette abondance de graisse lui fait supporter l'abstinence, et il ne sort de sa tanière que lorsqu'il se sent affamé.

LES SINGES.

Les singes sont de tous les animaux ceux qui approchent le plus de la forme et de la figure humaines. Ces animaux ont un instinct particulier pour connaître ceux qui leur font la guerre, et chercher les moyens, quand ils sont attaqués, de se défendre. Leurs armes sont des branches d'arbre qu'ils cassent, des cailloux qu'ils ramassent, et leurs excrémens qu'ils reçoivent dans leurs mains : ils jettent tout cela à la tête de leurs ennemis. Si quelqu'un d'entre eux est blessé, ils crient d'une manière épouvantable, et redoublent d'ardeur. Les singes aiment à manger des fruits, surtout du raisin et des pommes; des fleurs, des vers, des araignées, des poux et d'autres vermines. Leur goût est très-fin. On leur apprend facilement à danser sur la corde, et à y faire des entrechats, à faire une toilette, à faire la roue, à attiser le feu, à laver la vaisselle, à pousser la brouette, à jouer du tambour, à embrasser, à rincer des verres, même à donner à boire. Nous en avons vu un tourner la broche d'une patte, et de l'autre recevoir le jus du rôti sur un morceau de pain qu'il mangeait ensuite.

C'est dans les mains des bouffons indiens qu'il faut voir les gentillesses de cette sorte d'animaux.

POÉSIE.

LA CHENILLE.

Un jour, causant entre eux, différens animaux
    Louaient beaucoup le ver à soie.
Quel talent, disaient-ils, cet insecte déploie
En composant ces fils si doux, si fins, si beaux,
    Qui de l'homme font la richesse !
Tous vantaient son travail, exaltaient son adresse.
Une chenille seule y trouvait des défauts,
Aux animaux surpris en faisait la critique,
    Disait des MAIS et puis des SI.
Un renard s'écria : Messieurs, cela s'explique,
    C'est que madame file aussi.

FLORIAN.

LA BEAUTÉ.

La beauté du visage est un frêle ornement,
Une fleur passagère, un éclat d'un moment,
Et qui n'est attaché qu'à la seule épiderme.

MOLIÈRE.

Au banquet de la vie, infortuné convive,
    J'apparus un jour, et je meurs !
Je meurs, et sur la tombe, où lentement j'arrive,
    Nul ne viendra verser des pleurs.

Gilbert.

Un villageois, un jour, sur son âne affourché,
Trouva, par un ruisseau, son passage bouché ;
Tandis que pour le prendre un batelier s'apprête,
Il s'approche du bord, saute en bas de sa bête,
S'embarque le premier, et sur le pont tremblant
Tire par son licou l'animal nonchalant.
Le grison qui des flots redoute le caprice,
Tire de son côté, fait le pas d'écrevisse,
Et du maître essoufflé, déconcertant l'effort,
Lutteur victorieux, demeure sur le bord.
Enfin, tout épuisé d'haleine et de courage,
L'homme change d'avis, il descend au rivage,
Prend l'âne par la queue, et tire de son mieux.
L'animal aussitôt s'échappe furieux,
Et du bras qui le tient, forçant la violence,
D'un saut précipité dans le bateau s'élance.

J.-B. Rousseau.

LES SOEURS DE CHARITÉ.

. . . .

Leurs jours coulent en paix et sans aucun nuage ;
A soulager le pauvre, à calmer des soupirs,
Elles passent leur vie, et tels sont leurs plaisirs ;

Agréables et purs, ils ont séché des larmes :
Bien plus doux mille fois et plus remplis de charmes
Que ceux qu'offre à grands frais un monde corrompu,
Dont il ne reste rien qu'un peu moins de vertu !
 Asile de souffrance, ouvre-toi triste enceinte,
Montre à nos yeux ravis cette cohorte sainte
Des vierges du Seigneur. Que de soins prodigués !
Quel spectacle imposant ! Des soldats mutilés,
Dont le corps en lambeaux n'est qu'une large plaie ;
Des mourans que leur fin en s'approchant effraie !...
Chacun est secouru, consolé dans ses maux ;
La mort au sein de Dieu n'est plus qu'un doux repos.
 D'un sexe délicat, méprisant la faiblesse,
A de pénibles soins, dès la tendre jeunesse,
Vous qui d'un front serein venez vous consacrer,
Pourrions-nous donc jamais assez vous admirer !
Par vos seules vertus, vous forcez à se taire
Le méchant qui, lui-même, en secret vous révère.
O vénérables sœurs d'un Dieu de charité,
Acceptez notre hommage, il est bien mérité !

        E......

LA MORT DE LOUIS XVI.

. . . .

Les échafauds sont prêts, et les bourreaux l'attendent !
Eh ! qui peut concevoir ces scènes de douleurs !
Ce mélange de voix, de sanglots et de pleurs,
Ces funestes adieux pleins d'horreur et de charmes !
Chaque mot commencé vient mourir dans les larmes ;

Et par de longs soupirs cherchant à s'exhaler,
Leurs cœurs veulent tout dire, et ne peuvent parler.
Ah! moi-même je sens défaillir mon courage!
D'autres du jour fatal retraceront l'image ;
Dans ce vaste Paris, le calme du cercueil ;
Les citoyens cachés dans leur maison en deuil,
Croyant sur eux du ciel voir tomber la vengeance ;
Ce char affreux roulant dans un affreux silence ;
Ce char qui plus terrible entendu de moins près,
Du crime en s'éloignant avance les apprêts ;
L'échafaud régicide et la hache fumante,
Cette tête sacrée et de sang dégoûtante,
Dans les mains du bourreau de son crime effrayé.
Ces tableaux font horreur, et je peins la pitié!
La pitié pour Louis, il n'est plus fait pour elle.
O vous qui l'observiez de la voûte éternelle,
Anges, applaudissez, il prend vers vous l'essor !
Commencez vos concerts, prenez vos lyres d'or !
Déjà son nom s'inscrit aux célestes annales :
Préparez, préparez vos palmes triomphales :
De sa lutte sanglante il sort victorieux,
Et l'échafaud n'était qu'un degré vers les cieux.

DELILLE.

ARITHMÉTIQUE.

FIGURE ET NOM DES NOMBRES.

	Chiffres arabes.	*Chiffres romains.*
un	1	I
deux	2	II
trois	3	III
quatre	4	IV
cinq	5	V
six	6	VI
sept	7	VII
huit	8	VIII
neuf	9	IX
dix	10	X
onze	11	XI
douze	12	XII
treize	13	XIII
quatorze	14	XIV
quinze	15	XV
seize	16	XVI
dix-sept	17	XVII
dix-huit	18	XVIII
dix-neuf	19	XIX

	Chiffres arabes.	Chiffres romains.
vingt	— 20 —	XX
vingt-un	— 21 —	XXI
vingt-deux	— 22 —	XXII
trente	— 30 —	XXX
quarante	— 40 —	XL
cinquante	— 50 —	L
soixante	— 60 —	LX
septante *ou* soixante-dix	— 70 —	LXX
octante *ou* quatre-vingt	— 80 —	LXXX
nonante *ou* quatre-vingt-dix	— 90 —	XC
cent	— 100 —	C
deux cents	— 200 —	CC
trois cents	— 300 —	CCC
quatre cents	— 400 —	CCCC
cinq cents	— 500 —	D
six cents	— 600 —	DC
sept cents	— 700 —	DCC
huit cents	— 800 —	DCCC
neuf cents	— 900 —	DCCCC
mille	—1000 —	M
mille huit cent vingt-neuf.	1829	MDCCCXXIX

un demi	—	$\frac{1}{2}$
un tiers	—	$\frac{1}{3}$
un quart	—	$\frac{1}{4}$
deux tiers	—	$\frac{2}{3}$
trois quarts	—	$\frac{3}{4}$

TABLE DE MULTIPLICATION.

2	fois	2	font	4	5	fois	5	font	25
2		3		6	5		6		30
2		4		8	5		7		35
2		5		10	5		8		40
2		6		12	5		9		45
2		7		14	5		10		50
2		8		16					
2		9		18	6	fois	6	font	36
2		10		20	6		7		42
					6		8		48
3	fois	3	font	9	6		9		54
3		4		12	6		10		60
3		5		15					
3		6		18	7	fois	7	font	49
3		7		21	7		8		56
3		8		24	7		9		63
3		9		27	7		10		70
3		10		30					
					8	fois	8	font	64
4	fois	4	font	16	8		9		72
4		5		20	8		10		80
4		6		24					
4		7		28	9	fois	9	font	81
4		8		32	9		10		90
4		9		36					
4		10		40	10	fois	10	font	100

GÉOGRAPHIE.

La terre que nous habitons a la forme d'une grosse boule.

Les quatre points cardinaux sont :

Le *nord* ou septentrion ;

Le *midi* ou sud ;

L'*orient*, l'est ou le levant ;

L'*occident*, l'ouest ou le couchant.

Un *continent* est une grande portion de terre comprenant plusieurs régions ou royaumes qui ne sont pas séparés par des mers.

Une *île* est une portion de terre entourée d'eau de tous côtés.

Une *presqu'île* ou *péninsule* est une terre presque entourée d'eau.

Un *isthme* est une langue de terre qui réunit une presqu'île ou un continent à la terre ferme.

Un *cap* ou *promontoire* est une pointe de terre élevée qui s'avance dans la mer.

Une *montagne* est une grande masse de terre qui s'élève sur la surface du globe.

Un *golfe* est une quantité d'eau de la mer qui entre dans un pays, et s'y arrête sans perdre communication avec la mer.

Une *rivière* est une eau de source qui coule toujours, jusqu'à ce qu'elle se jette dans une autre rivière, ou dans la mer; et dans ce cas elle s'appelle *fleuve*.

Il y a cinq parties du monde : l'*Europe*, l'*Asie*, l'*Afrique*, l'*Amérique* et la *Nouvelle-Hollande*.

La *France*, notre pays, se trouve en Europe ; elle se nommait autrefois la *Gaule* et ses habitans les *Gaulois*.

Ses principaux fleuves sont : la *Seine*, la *Loire*, le *Rhône* et la *Garonne*.

Ses villes principales sont : Amiens, Angers, Antibes, Besançon, Bordeaux, Bourges, Caen, Cette, Clermont, Dijon, Grenoble, la Rochelle, Lille, Lyon, Marseille, Metz, Montauban, Montpellier, Nancy, Nantes, Nîmes, Orléans, Paris, Pau, Rennes, Rheims, Rouen, Strasbourg, Toulouse, Tours, Troyes, Versailles, etc., etc.

La France est divisée en quatre-vingt-six départemens, dont les noms suivent avec leur ville principale :

DÉPARTEMENS.	CHEFS-LIEUX.
Nord.	Lille.
Pas-de-Calais.	Arras.
Somme.	Amiens.
Seine-Inférieure.	Rouen.
Calvados.	Caen.
Manche.	Saint-Lô.
Orne.	Alençon.
Eure.	Évreux.
Oise.	Beauvais.
Aisne.	Laon.
Seine-et-Oise.	Versailles.
Seine.	Paris.
Seine-et-Marne.	Melun.
Ardennes.	Mézières.
Marne.	Châlons.
Aube.	Troyes.

DÉPARTEMENS.	CHEFS-LIEUX.
Haute-Marne.	Chaumont.
Meuse.	Bar-sur-Ornain.
Moselle.	Metz.
Meurthe.	Nancy.
Vosges.	Épinal
Bas-Rhin.	Strasbourg.
Haut-Rhin.	Colmar.
Ille-et-Vilaine.	Rennes.
Côtes-du-Nord.	Saint-Brieux.
Finistère.	Quimper.
Morbihan.	Vannes.
Loire-Inférieure.	Nantes.
Mayenne.	Laval.
Sarthe.	Le Mans.
Maine-et-Loire.	Angers.
Indre-et-Loire.	Tours.
Eure-et-Loir.	Chartres.
Loiret.	Orléans.
Loir-et-Cher.	Blois.
Indre.	Châteauroux.
Cher.	Bourges.
Nièvre.	Nevers.
Yonne.	Auxerre.
Côte-d'Or.	Dijon.

DÉPARTEMENS.	CHEFS-LIEUX.
Saône-et-Loire.	Mâcon.
Ain.	Bourg.
Haute-Saône.	Vesoul.
Doubs.	Besançon.
Jura.	Lons-le-Saulnier.
Vendée.	Bourbon-Vendée.
Deux-Sèvres.	Niort.
Vienne.	Poitiers.
Haute-Vienne.	Limoges.
Corrèze.	Tulles.
Creuse.	Guéret.
Allier.	Moulins.
Charente-Inférieure.	La Rochelle.
Charente.	Angoulême.
Puy-de-Dôme.	Clermont.
Cantal.	Aurillac.
Loire.	Montbrison.
Rhône.	Lyon.
Isère.	Grenoble.
Drôme.	Valence.
Hautes-Alpes.	Gap.
Gironde.	Bordeaux.
Dordogne.	Périgueux.
Lot-et-Garonne.	Agen.

DÉPARTEMENS.	CHEFS-LIEUX.
Tarn-et-Garonne.	Montauban.
Lot.	Cahors.
Aveyron.	Rhodez.
Landes.	Mont-de-Marsan.
Gers.	Auch.
Hautes-Pyrénées.	Tarbes.
Basses-Pyrénées.	Pau.
Haute-Loire.	Le Puy.
Lozère.	Mandes.
Ardèche.	Privas.
Gard.	Nîmes.
Hérault.	Montpellier.
Aude.	Carcassonne.
Haute-Garonne.	Toulouse.
Tarn.	Alby.
Arriège.	Foix.
Pyrénées-Orientales.	Perpignan.
Vaucluse.	Avignon.
Basses-Alpes.	Digne.
Bouches-du-Rhône.	Marseille.
Var.	Draguignan.
Corse.	Ajaccio.

HISTOIRE DE FRANCE.

Première race royale, dite des Mérovingiens, de laquelle il y a eu 22 rois.

ORDRE des règnes.	NOMS DES ROIS et OBSERVATIONS.	COMMENÇA à régner en	âgé de	RÉGNA	MOURUT en
1	Pharamond.	420	»	8 ans.	428
2	Clodion.	428	»	20	448
3	Mérouée, fils de Clodion.	448	»	8	456
4	Childéric Ier, fils de Mérouée.	456	»	25	481
5	Clovis Ier, fils de Childéric Ier et premier roi chrétien.	481	15 ans.	30	511
6	Childebert Ier, fils de Clovis Ier et de sainte Clotilde.	511	»	47	558
7	Clotaire Ier, fils de Clovis Ier.	558	»	4	562
8	Chérébert, fils de Clotaire Ier et d'Ingonde.	562	»	4	566
9	Chilpéric Ier, fils de Clotaire Ier et de Chardegonde.	566	»	18	584
10	Clotaire II.	584	4 mois.	44	628
11	Dagobert Ier, fils de Clotaire II et de Bertrude.	628	26 ans.	10	638
12	Clovis II.	638	4	18	656
13	Clotaire III, fils de Clovis II.	656	5	14	670
14	Childéric II, fils de Clovis II.	670	18	3	673

15	Théodoric Ier, fils de Clovis II.............	673	23 ans.	18 ans.	691
16	Clovis III, fils de Théodoric Ier...........	691	11	4	695
17	Childebert II, dit le Jeune...............	695	12	16	711
18	Dagobert II, fils de Sigebert III..........	711	12	4	715
19	Clotaire IV.............................	717	»	17 mois.	719
20	Chilpéric II, fils de Childéric II..........	719	»	1 an.	720
21	Thierry II.............................	720	6	17 ans.	737
	Interrègne de cinq ou six ans.				
22	Childéric III, dit l'insensé, et dernier roi de la première race............................	742	»	9	751

Seconde race royale, dite des Carlovingiens, de laquelle il y a eu 13 rois.

23	Pepin, dit le Bref, fils de Charles Martel.....	751	37 ans.	17 ans.	768
24	Charles Ier, fils de Pepin. Il fut surnommé Charles le Grand, ou Charlemagne.............	768	26	46	814
25	Louis Ier, dit le Débonnaire................	814	36	26	840
26	Charles II, dit le Chauve, fils de Louis Ier et de Judith.	840	17	37	877
27	Louis II, dit le Bègue, fils de Charles II et d'Émertrude.................................	877	33	2	879
28	Louis III et Carloman, fils de Louis II et d'Ausgarde.	879	»	5	884
29	Charles III, dit le Gros..................	884	»	4	888
30	Eudes, fils de Robert Ier, dit le Fort.........	888	30	10	898
31	Charles (posthume), dit le Simple, fils de Louis le Bègue...............................	898	19	25	923

Suite de l'Histoire de France et de la seconde race royale.

ORDRE des règnes.	NOMS DES ROIS et OBSERVATIONS.	COMMENÇA à régner en	âgé de	RÉGNA	MOURUT en
32	Raoul, fils de Richard, duc de Bourgogne.	923	»	13 ans.	936
33	Louis IV, dit d'Outremer, fils de Charles le Simple et d'Ogine.	936	16 ans.	18	954
34	Lothaire, fils de Louis IV et de Gerberge de Saxe.	954	13	32	986
35	Louis V, dit le Fainéant, fils de Lothaire et d'Emme.	986	20	1	987

Troisième race royale. Ire branche, dite des Capétiens, de laquelle il y a eu 35 rois.

36	Hugues, dit *Capet*.	987	45 ans.	9 ans.	996
37	Robert, fils de Hugues Capet.	996	25	35	1031
38	Henri Ier, fils de Robert.	1031	26	29	1060
39	Philippe Ier.	1060	8	48	1108
40	Louis VI, dit le Gros, fils de Philippe II et de Berthe.	1108	30	29	1137
41	Louis VII, dit le Jeune, fils de Louis le Gros.	1137	17	43	1180
42	Philippe-Auguste, dit le Conquérant, fils de Louis VII.	1180	15	43	1223
43	Louis VIII, dit le Lion, père de saint Louis.	1223	36	3	1226

44	Saint Louis, neuvième du nom.	1226	11 ans.	44 ans.	1270
45	Philippe III (1), dit le Hardi, fils de saint Louis. . .	1270	25	15	1285
46	Philippe IV, dit le Bel.	1285	17	29	1314
47	Louis X, dit Hutin, fils de Philippe le Bel et de Jeanne de Navarre.	1314	25	2	1316
48	Philippe V, dit le Long, fils de Philippe le Bel. . .	1316	23	6	1322
49	Charles IV, dit le Bel, fils de Philippe le Bel. Il mourut sans laisser d'enfant mâle.	1322	26	6	1328

Seconde branche, appelée la première des Valois, dont il y a eu 7 rois.

50	Philippe de Valois (2), 6ᵉ du nom, fils de Philippe III.	1328	35 ans.	22 ans.	1350
51	Jean Lebon, fils de Philippe de Valois.	1350	30	14	1364
52	Charles V, dit le Sage et l'Éloquent, fils de Jean Lebon et de Bonne de Luxembourg.	1364	27	16	1380
53	Charles VI, dit l'Imbécile, fils de Charles le Sage.	1380	12	42	1422
54	Charles VII (3), dit le Victorieux, fils de Charles VI.	1422	20	39	1461
55	Louis XI, fils de Charles VII.	1461	39	22	1483
56	Charles VIII, dit l'Affable, fils de Louis XI et de Charlotte de Savoie.	1483	13	15	1498

(1) Époque du massacre des *vêpres siciliennes*.
(2) C'est sous ce règne que vécut le généreux Eustache de Saint-Pierre, bourgeois de Calais.
(3) La fameuse Jeanne-d'Arc, dite la Pucelle d'Orléans, vécut sous ce prince.

Suite de l'Histoire de France. — Troisième branche, dite de la Maison d'Orléans.

ORDRE des règnes.	NOMS DES ROIS et OBSERVATIONS.	COMMENÇA à régner en	âgé de	RÉGNA	MOURUT en
57	Louis XII, dit le Juste et le père du peuple, fils de Charles, duc d'Orléans, et de Marie de Clèves.	1498	36 ans.	17 ans.	1515

Quatrième branche, dite la deuxième des Valois, de laquelle il y a eu 5 rois.

58	François Ier (1), dit le Grand et le père des lettres, fils de Charles d'Orléans.	1515	20 ans.	32 ans.	1547
59	Henri II, fils de François Ier.	1547	29	12	1559
60	François II, fils de Henri II et de Catherine de Médicis.	1559	16	17 mois.	1560
61	Charles IX, deuxième fils de Henri II et de Catherine de Médicis.	1560	10	14 ans.	1574
62	Henri III (2), troisième fils de Henri II et de Catherine de Médicis.	1574	22	15	1589

Cinquième branche, dite de Bourbon, dont il y a eu 8 rois.

| 63 | Henri IV (3), dit le Grand, fils d'Antoine de Bourbon et de Jeanne d'Albret. | 1589 | 36 ans. | 21 ans. | 1610 |

64	Louis XIII, dit le Juste, fils de Henri IV.	1610	9	33	1643
65	Louis XIV (4), dit le Grand, fils de Louis XIII.	1643	5	72	1715
66	Louis XV, dit le Bien-Aimé, fils de Louis de France et de Marie-Adélaïde de Savoie.	1715	5	59	1774
67	Louis XVI (5), fils de Louis, dauphin de France, et de Marie-Joséphine de Saxe.	1774	20	19	1793
68	Louis XVII, fils de Louis XVI et de Marie-Antoinette d'Autriche. Ce jeune et infortuné prince mourut captif et malheureux.	1793	8	28 mois	1795
69	Louis XVIII, fils du dauphin et de Marie-Joséphine de Saxe.	1795	40	29 ans	1824
70	Charles X, dit le Bien-Aimé, frère de Louis XVIII.	1824	67	»	»

(1) Bayard, ce chevalier sans peur et sans reproches, vivait sous François Ier.
(2) Ce fut un nommé Jacques Clément qui l'assassina.
(3) Le bon Henri fut assassiné le 14 mai 1610, à Paris, dans la rue de la Ferronnerie, par l'infâme François Ravaillac. L'histoire conservera le nom de ce monstre; mais il n'est personne qui ne l'ait en horreur.
(4) Ce prince a remporté un grand nombre de victoires mémorables. Son règne fut un règne de gloire et de majesté. Il vit fleurir en tous genres les talens les plus distingués. Presque tous nos chefs-d'œuvre de littérature de toutes sortes, de peinture, de sculpture, architecture, etc., nous les devons au siècle de Louis XIV. Ce roi fit construire à grands frais les jardins et châteaux de Versailles, qu'avait commencés Louis XIII. Versailles servit de résidence à nos rois depuis Louis XIII jusqu'à l'époque de la révolution.
(5) L'infortuné Louis XVI fut exécuté à Paris le 21 janvier 1793, époque de la révolution française.

DIVISION DU TEMPS.

Seconde.
Minute, qui vaut 60 secondes.
Heure,   60 minutes.
Jour,   24 heures.
Semaine,   7 jours.

Les noms des jours de la semaine sont :

Lundi, Mardi, Mercredi, Jeudi, Vendredi, Samedi, Dimanche.

Le mois vaut 30 jours.

L'année vaut 12 mois ou 365 jours et quelques heures.

Les noms des mois de l'année sont :

Janvier, Février, Mars, Avril, Mai, Juin, Juillet, Août, Septembre, Octobre, Novembre, Décembre.

Un lustre vaut   5 ans.
Un siècle   100 ans.

Il y a quatre saisons dans l'année : le Printemps, l'Été, l'Automne et l'Hiver.

TABLEAU

DES MONNAIES EN USAGE EN FRANCE,

ET LEUR VALEUR ANCIENNE.

Cuivre.

Centime.
Décime,   ou dix centimes,   2 sols.

Argent.

Quart de franc,   25 centimes,   5 sols.
Demi-franc,   50 centimes,   10 sols.
Franc,   100 centimes,   20 sols.
Cinq francs,   500 centimes,   100 sols.

Or.

Vingt francs, un louis.
Quarante francs, double louis.

Papier, ou *Billets de banque.*

Cinq cents francs.
Mille francs.

PRINCIPALES FÊTES DE L'ÉGLISE

CATHOLIQUE, APOSTOLIQUE ET ROMAINE.

Pâques, la Circoncision, l'Ascension, la Pentecôte, l'Assomption, la Toussaint, Noël.

PRIÈRES (1).

Oraison dominicale.

Notre Père qui êtes aux cieux, que votre nom soit sanctifié; que votre règne arrive; que votre volonté soit faite en la terre comme au ciel; donnez-nous aujourd'hui notre pain de chaque jour; pardonnez-

---

(1) Ces prières ne faisant qu'indirectement partie de notre livre, nous les avons placées à la fin. Le maître les fera lire à l'enfant aussitôt qu'il le jugera convenable.

nous nos offenses comme nous pardonnons à ceux qui nous ont offensés; ne nous laissez pas succomber à la tentation, mais délivrez-nous du mal. Ainsi soit-il.

La Salutation angélique.

Je vous salue, Marie, pleine de grâce; le Seigneur est avec vous. Vous êtes bénie entre toutes les femmes, et Jésus, le fruit de vos entrailles, est béni.

Sainte Marie, mère de Dieu, priez pour nous pauvres pécheurs, maintenant et à l'heure de notre mort. Ainsi soit-il.

Le Symbole des Apôtres.

Je crois en Dieu le Père tout-puissant, le Créateur du ciel et de la terre; et en Jésus-Christ, son Fils unique, notre Seigneur, qui a été conçu du Saint-Esprit, est né de la Vierge Marie, a souffert sous Ponce-Pilate, a été crucifié, est mort et enseveli, est descendu aux enfers, est ressuscité des morts le troisième jour; est monté au ciel, est assis à la droite de Dieu le Père tout-puissant, d'où il viendra juger les vivans et les morts.

Je crois au Saint-Esprit, à la sainte Église catholique, à la communion des Saints, la rémission des péchés, la résurrection de la chair, la vie éternelle. Ainsi soit-il.

La Confession des péchés.

Je me confesse à Dieu tout-puissant, à la bienheureuse Vierge Marie toujours Vierge, à saint Michel Archange, à saint Jean-Baptiste, aux Apôtres saint Pierre et saint Paul, à tous les Saints, et à vous, mon Père, parce que j'ai beaucoup péché par pensées, par paroles, par actions, et par omissions : c'est ma faute, c'est ma faute, c'est ma très-grande faute. C'est pourquoi je supplie la bienheureuse Vierge Marie toujours Vierge, saint Michel Archange, saint Jean-Baptiste, les Apôtres saint Pierre et saint Paul, tous les Saints, et vous, mon Père, de prier pour moi le Seigneur notre Dieu. Ainsi soit-il.

COMMANDEMENS DE DIEU.

Un seul Dieu tu adoreras
Et aimeras parfaitement.
Dieu en vain tu ne jureras,
Ni autre chose pareillement.
Les dimanches tu garderas
En servant Dieu dévotement.
Tes père et mère honoreras,
Afin que tu vives longuement.
Homicide point ne seras
De fait ni volontairement,
Luxurieux point ne seras
De corps ni de consentement.
Le bien d'autrui tu ne prendras
Ni retiendras à ton escient.
Faux témoignage ne diras,
Ni mentiras aucunement.
L'œuvre de chair ne désireras
Qu'en mariage seulement.
Biens d'autrui ne convoiteras
Pour les avoir injustement.

COMMANDEMENS DE L'ÉGLISE.

Les Fêtes tu sanctifieras,
Qui te sont de commandement.
Les Dimanches la Messe ouïras
Et les Fêtes pareillement.
Tous tes péchés confesseras
A tout le moins une fois l'an.
Ton Créateur tu recevras
Au moins à Pâques humblement.
Quatre-Temps, Vigiles, jeûneras
Et le Carême entièrement.
Vendredi chair ne mangeras,
Ni le samedi mêmement.

FIN.

TABLE DES MATIÈRES.

                                                Pages

Avant-propos.................. v

Ire Partie. — *Lettres. — Alphabet.*

Grandes lettres romaines........... 1
Petites lettres romaines............ 2
Grandes lettres italiques........... 3
Petites lettres italiques............ *Ib.*
Grandes lettres mêlées............ 4
Petites lettres mêlées............. *Ib.*
Doubles et triples lettres........... 5
Distinction des voyelles et des consonnes... *Ib.*
Signes et accens................ 6

IIe Partie. — *Syllabes. — Syllabaire.*

Syllabes de deux et trois lettres....... 7-9
Diphthongues.................. 10

IIIe Partie. — *Mots. — Exercices gradués.*

Mots de trois lettres.............. *Ib.*
Mots de quatre lettres............. 11
Quatre petites leçons, etc........... 12
Mots de cinq lettres.............. 13
Deux petites leçons, etc............ 14
Mots de deux syllabes............. 15
Mots de trois syllabes............. 16

	Pages
Mots de quatre syllabes.	17
Mots de cinq, six ou sept syllabes.	*Ib.*
Remarques sur la prononciation de certaines lettres.	18
Petites leçons à épeler.	23

IVe Partie. *Lecture courante.*

Histoire naturelle.	30
Poésie.	37
Arithmétique. Figure et nom des nombres.	41
Table de multiplication.	43
Géographie.	44
Histoire de France.	50
Division du temps.	56
Tableau des monnaies en usage en France, et leur valeur ancienne.	57
Principales fêtes de l'Église.	58
Prières.	*Ib.*

FIN DE LA TABLE.

www.ingramcontent.com/pod-product-compliance
Lightning Source LLC
LaVergne TN
LVHW051500090426
835512LV00010B/2260